Modern Catholic Calligraphy with Ancient Saints

FOR BRUSH LETTERING BEGINNERS

Lorelei Worland
Books Faith Life

About the Author

Lorelei has designed and sold beautiful goods through her store, Books Faith Life Shop, since 2017. Her products have appeared in Radiant Magazine and at charitable auctions. She delights in finding new books, old Catholic traditions, and sweet white wines. Lorelei lives with her husband, son, and lazy dachshund on the sunny Mississippi gulf coast.

You can find more about her and her work at booksfaithlife.com

What is calligraphy?

/kə'lɪgɹəfi/

 From French "calligraphie," from Ancient Greek καλλιγραφία (kalligraphía, literally "pretty writing").

There are as many forms of calligraphy as there are artists. Everyone has with their own style, though there are common tenets we'll discuss & practice.

Art is descriptive, not proscriptive.

We are not the gatekeepers of beauty, merely custodians. Just like our ancient faith, art is for everyone.

> The purpose of art is nothing less than the upliftment of the human spirit.
> Pope St John Paul II

Anatomy of a Letter

1. Baseline

The line where all letters rest. Shown in dark grey.

2. Meanline

The midline where lowercase letters without ascenders terminate. Shown in light grey.

3. Cap line

The line where uppercase letters terminate. Shown in dark grey.

Anatomy of a Letter

4. Ascender

The part of the letter that goes above the midline.

5. Descender

The part of the letter that dips below the baseline.

6. Upstroke

The upward stroke of the letter. By **decreasing** pressure on your soft-tip brush pen, the upstroke becomes the thinnest part of the letter.

7. Downstroke

The downward stroke of the letter. By **increasing** gentle pressure on your soft-tip brush pen, the downstroke becomes the thickest part of the letter.

Ff Gg Mm Qq

Supplies needed:

1. Brush pen

You will need a **soft-tip** brush pen to create the thick & thin lines characteristic of modern hand lettering. This is the only must-have writing implement for this workbook.

My favorite brush pens are the Tombow™ Fudenosuke Soft Tips. They're smooth and flexible enough to finish this workbook with ease.

You can buy individual pens from craft stores for around $3.

2. Scratch paper

While you have lots of space for practice, I like to warm up my letterforms on scratch paper first.

Beauty will save the world.
Fyodor Dostoevsky

Let's Get Started

On the following pages, you'll find sheets devoted to each letter of the alphabet. First in uppercase, then lowercase.

You'll also practice the most common letter combinations, and some of the trickiest pairs.

Finally, you can download the bonus pages to create beautiful quote art. Display your work in your own home, or give it as a gift! Download the full-color PDFs at www.booksfaithlife.com/bonus

The sacred artwork comes from early-19th Century French engravings. Many of the Saints hold special meaning for French Catholics, including patronage of various cities and regions.

Go slowly. Practice often. Most of all, have fun!

As much as love grows in you, so beauty grows.
For love itself is the beauty of the soul.
St Augustine

Uppercase A

A a a a a a

A a a a a a

A a a a a a

A a a a a a

Anne Anne Anne

Lowercase a

a a a a a a a

a a a a a a a

a a a a a a a

a a a a a a a

Anne

Uppercase B

B B B B B

B B B B B

B B B B B

B B B B B

Bell Bell Bell

Lowercase b

b b b b b b b

b b b b b b b

b b b b b b b

ba ba ba ba ba

Bell

Uppercase C

C C C C C C C

C C C C C C C

C C C C C C C

C C C C C C C

Cecilia Cecilia

Lowercase c

c c c c c c c

c c c c c c c

c c c c c c c

ca ca ca ca ca

Cecilia

Uppercase D

D D D D D D

D D D D D D

D D D D D D

D D D D D D

Denis Denis

Lowercase d

d d d d d d d

d d d d d d d

d d d d d d d

de de de de de

Denis

Uppercase E

E E E E E

E E E E E

E E E E E

E E E E E

Eucharist Eucharist

Lowercase e

e e e e e e e e

e e e e e e e e

e e e e e e e e

ea ea ea ea ea

Eucharist

Uppercase F

F F F F F

F F F F F

F F F F F

F F F F F

Francis Francis Francis

Lowercase f

f f f f f f f f

f f f f f f f f

f f f f f f f f

fa fa fa fa fa

Francis

Uppercase G

G G G G G

G G G G G

G G G G G

G G G G G

George George

Lowercase g

g g g g g g g

g g g g g g g

g g g g g g g

ge ge ge ge ge

George

Uppercase H

H H H H H

H H H H H

H H H H H

H H H H H

Help Help Help

Lowercase h

h h h h h h h

h h h h h h h

h h h h h h h

he he he he he

Help

Uppercase I

I *I* *I* *I*

I *I* *I* *I*

I *I* *I* *I*

I *I* *I* *I*

Isidore *Isidore* *Isidore*

Lowercase i

i i i i i i i

i i i i i i i

i i i i i i i

ie ie ie ie ie

Isidore

Uppercase J

$\mathcal{J}$ $\mathcal{J}$ $\mathcal{J}$ $\mathcal{J}$ $\mathcal{J}$

$\mathcal{J}$ $\mathcal{J}$ $\mathcal{J}$ $\mathcal{J}$ $\mathcal{J}$

$\mathcal{J}$ $\mathcal{J}$ $\mathcal{J}$ $\mathcal{J}$ $\mathcal{J}$

$\mathcal{J}$ $\mathcal{J}$ $\mathcal{J}$ $\mathcal{J}$ $\mathcal{J}$

Joseph   Joseph   Joseph

Lowercase j

j *j* *j* *j* *j* *j* *j*

j *j* *j* *j* *j* *j* *j*

j *j* *j* *j* *j* *j* *j*

ji *ji* *ji* *ji* *ji*

Joseph

Uppercase K

K K K K K

K K K K K

K K K K K

K K K K K

Keys Keys Keys

Lowercase k

k   k k k k k k k

k   k k k k k k k

k   k k k k k k k

ck   ck ck ck ck ck

Keys

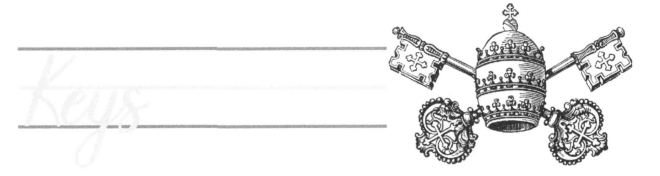

Uppercase L

L L L L L L L

L L L L L L L

L L L L L L L

L L L L L L L

Louis Louis Louis

Lowercase l

l l l l l l l l

l l l l l l l l

l l l l l l l l

le le le le le

louis

Uppercase M

M M M M M

M M M M M

M M M M M

M M M M M

Mary Mary Mary

Lowercase m

m m m m m m m

m m m m m m m

m m m m m m m

me me me me me

Mary

Uppercase N

N N N N N

N N N N N

N N N N N

N N N N N

Nicholas *Nicholas*

Lowercase n

n n n n n n n

n n n n n n n

n n n n n n n

no no no no no

Nicholas

Uppercase O

O O O O O

O O O O O

O O O O O

O O O O O

Our Lady Our Lady

Lowercase o

o o o o o o o o

o o o o o o o o

o o o o o o o o

on on on on on

Our Lady

Uppercase P

P P P P P P

P P P P P P

P P P P P P

P P P P P P

Peter Peter Peter

Lowercase p

p p p p p p p

p p p p p p p

p p p p p p p

pe pe pe pe pe

Peter

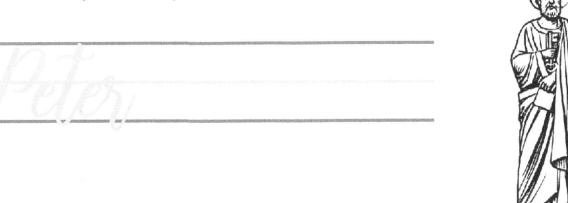

Uppercase Q

Q Q Q Q Q

Q Q Q Q Q

Q Q Q Q Q

Q Q Q Q Q

Queen Queen Queen

Lowercase q

q q q q q q q

q q q q q q q

q q q q q q q

qu qu qu qu qu

Queen

Uppercase R

R R R R R

R R R R R

R R R R R

R R R R R

Rosary Rosary Rosary

Lowercase r

r r r r r r r

r r r r r r r

r r r r r r r

re re re re re

Rosary

Uppercase S

S S S S S

S S S S S

S S S S S

S S S S S

Sacred Sacred Sacred

Lowercase s

s   s   s   s   s   s   s

s   s   s   s   s   s   s

s   s   s   s   s   s   s

sa   sa   sa   sa   sa

Sacred

Uppercase T

T T T T T T T T

T T T T T T T T

T T T T T T T T

T T T T T T T T

Teresa Teresa Teresa

Lowercase t

t *t t t t t t*

t *t t t t t t*

t *t t t t t t*

to *to to to to to*

Teresa

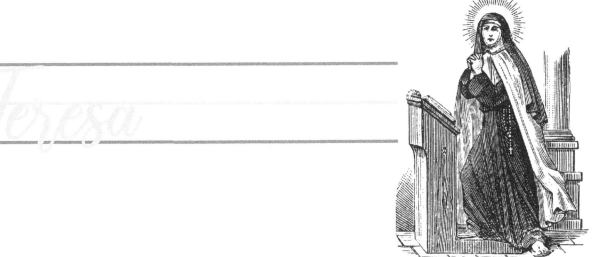

Uppercase U

U U U U U

U U U U U

U U U U U

U U U U U

Urban Urban Urban

Lowercase u

u u u u u u u

u u u u u u u

u u u u u u u

un un un un un

urban

Uppercase V

V V V V V

V V V V V

V V V V V

V V V V V

Valerie Valerie Valerie

Lowercase v

v v v v v v v

v v v v v v v v

v v v v v v v

ve ve ve ve ve

Valerie

Uppercase W

W W W W W

W W W W W

W W W W W

W W W W W

Wenceslas Wenceslas

Lowercase w

w w w w w w w

w w w w w w w

w w w w w w w

we we we we we

Wenceslas

Uppercase X

X X X X X

X X X X X

X X X X X

X X X X X

Pius X Pius X Pius X

Lowercase x

x   x   x   x   x   x   x

x   x   x   x   x   x   x

x   x   x   x   x   x   x

xe   xe   xe   xe   xe

Pius X

Uppercase Y

Y Y Y Y Y

Y Y Y Y Y

Y Y Y Y Y

Y Y Y Y Y

Yves Yves Yves

Lowercase y

y y y y y y y

y y y y y y y

y y y y y y y

ye ye ye ye ye

Yves

Uppercase Z

Z Z Z Z Z

Z Z Z Z Z

Z Z Z Z Z

Z Z Z Z Z

Zita Zita Zita

Lowercase z

z z *z z z z z*

z z *z z z z z*

z z *z z z z z*

ze *ze ze ze ze*

Zita

For more beauty

Follow @booksfaithlife and tag #catholiccalligraphy on Instagram.

Find other products at
shop.booksfaithlife.com

Made in United States
Orlando, FL
18 April 2025

60635039R00063